Grundlegendes Niveau

La France et l'Allemagne

Schülerarbeitsheft mit Aktivitäten zu

- **Un si terrible secret**, Evelyne Brisou-Pellen
  von Silke Komma

- **Elle s'appelait Sarah**, Gilles Paquet-Brenner
  von Eva Müller

- **Et tranquille, coule le Rhin**, Azouz Begag
  (Aufgrund der Textlänge ist der Text nicht im
  Schülerarbeitsheft enthalten)
  von Eva Müller

Ernst Klett Sprachen GmbH
Stuttgart

1. Auflage   1 5 4 3 2 1 | 2021 20 19 18 17

Redaktion: Anne-Sophie Guirlet-Klotz
Layoutkonzeption: Marion Köster
Gestaltung und Satz: Satzkiste GmbH
Umschlaggestaltung: Andreas Drabarek
Titelbild: Shutterstock images / © Dino Ablakovic
Druck und Bindung: AZ Druck und Datentechnik GmbH, Heisinger Straße 16, 87437 Kempten / Allgäu

Printed in Germany

ISBN 978-3-12-591616-6

Inhaltsverzeichnis

Et tranquille, coule le Rhin

Stratégies

Vorwort

Liebe Abiturientin, lieber Abiturient,

dieses Arbeitsheft wurde entwickelt, um Sie bei der Lektüre des Romans *Un si terrible secret* von Evelyne Brisou-Pellen und der Erarbeitung des Films *Elle s'appelait Sarah* von Gilles Paquet-Brenner zu begleiten. Die darin enthaltenen Aktivitäten unterstützen Sie dabei, den jeweiligen Inhalt und die im Roman und im Film angesprochenen Themen zu verstehen. Einige der Aktivitäten können Sie selbstständig zu Hause erledigen, andere wird Ihre Lehrerin oder Ihr Lehrer mit Ihnen im Unterricht z. B. in Partner- oder Gruppenarbeit erarbeiten.

Der Roman und der Film gehören zu Ihrem Abiturthema *La France et l'Allemagne* und dem Themenfeld *La France entre hier et demain*. Das ist ein sehr breites Thema, das Sie eigentlich bis ins 19. Jahrhundert zurückverfolgen könnten. Ausgehend von den beiden Werken werden Sie sich aber hauptsächlich mit dem Zweiten Weltkrieg und vor allem mit seinen Konsequenzen auf persönliche Schicksale beschäftigen. Sie werden feststellen, wie die Geschichte, äußere Konflikte und Ereignisse das Leben und die Konstruktion der Identität einzelner Menschen und ganzer Familien bis heute beeinflusst haben (→ *l'identité, rapports humains*).

Damit neben der inhaltlichen Beschäftigung mit diesen wichtigen Themen auch der Ausbau Ihrer Französischkenntnisse und die sprachliche Vorbereitung auf das Abitur nicht zu kurz kommen, haben wir für Sie am Ende wichtige Strategien zusammengefasst, wie Sie künftige Aufgaben auf dem Weg zum Abitur sicher meistern. Sie finden dort Tipps für die *compréhension orale* oder eine übersichtliche Zusammenstellung von wichtigen Wendungen für einen *monologue intérieur*, einen *commentaire personnel* usw.

Wir wünschen Ihnen mit diesem Schülerarbeitsheft eine anregende Erarbeitung der Themen und Texte – und dann natürlich ein erfolgreiches Abitur!

Bon courage !

Evelyne Brisou-Pellen

Un si terrible secret

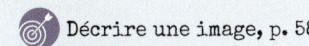

Découvrir le roman

1 Décrivez les premières de couverture et formulez des hypothèses de lecture.

 Décrire une image, p. 58

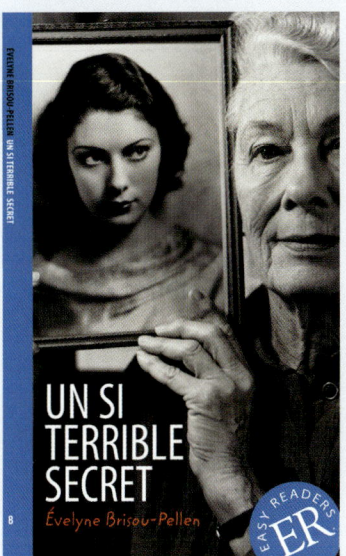

Que voyez-vous ? À votre avis, que raconte l'histoire ?

....

....

....

....

....

....

2 Lisez le texte qui présente le roman sur la quatrième de couverture de votre livre et comparez-le avec vos hypothèses.

3 Discutez ensuite avec votre partenaire des développements vraisemblables du récit. À votre avis, que va-t-il se passer ? Prenez des notes.

....

....

....

....

Lire le roman

Le roman chapitre par chapitre

Recopiez le tableau ci-dessous et – après chaque chapitre – faites un mini-résumé du texte. Pensez à vous poser les questions importantes !

Notez également les informations que vous voulez retenir sous forme de mots-clés.

Chapitre	Titre	Résumé	Mots-clés
1	Un coup affreux		
2			
3			

Les personnages de l'histoire

1 **Complétez le sociogramme ci-dessous avec des symboles et des flèches pour illustrer les relations entre les personnages de l'histoire.**

| M. Delahaye | Mme Delahaye |

| L'Allemand | René Blestin | Élise | Virgile | Simone |

| Jean-Paul Blestin | Mme Blestin |

| Les voisins (le fermier / Raymonde Lompel) | | Danièle |

| Nathanaëlle | Armel |

Lire le roman

Les personnages de l'histoire

2 **Recopiez ce tableau et complétez-le au cours de votre lecture.**

	Personnage (informations générales, âge, aspect physique, etc.)	Comportement	État d'âme / Sentiments	Caractérisation directe	Caractérisation indirecte
Personnages principaux	Nathanaëlle				
	Élise				
	René				
	Virgile				
Personnages secondaires	Jean-Paul				
	Mme Blestin – mère de Nathanaëlle				
	Armel				
	Le voisin				
	Raymonde Lompel				
	Danièle				
	Simone				
	Mme Delahaye				
	L'Allemand				

Le réveillon de Noël

Complétez cette page en collant des images qui évoquent Noël et notez sur la carte ce que Noël signifie pour vous.

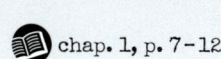

Un coup affreux

chap. 1, p. 7-12

Lisez le chapitre 1 et répondez aux questions suivantes :

1. Quel élément déclenche l'histoire ? ....

2. Qu'apprend-t-on ? ....

3. Comment était l'ambiance avant la nouvelle ? ....

4. Et après ? ....

5. Quel détail éveille la curiosité ? ....

Quelle vérité ?

chap. 2, p. 13-17

1 **a. Lisez le chapitre 2 et résumez avec vos propres mots les deux versions possibles pour la mort de Pilou et Mamie.**

1ère version de la police	2ème version de la police

b. Pourquoi la police change-t-elle de version ? Expliquez.

....

....

2   **Pour les vacances de Pâques, les membres de la famille Blestin décident de se changer les idées.**

a. Que font-ils ? Qui décide quoi ? Lisez ce qu'ils ont décidé de faire. Associez les décisions aux personnages du roman et mettez ensuite les décisions dans l'ordre chronologique du récit.

Nr	QUOI?	QUI?
	Je pars en Italie faire une tournée avec mon groupe.	Les parents
1	On fait un voyage au Népal.	
	Je fais un stage de danse.	Nathanaëlle
	Je vais chez les grands-parents.	
	Je reste jouer de la musique avec mon groupe.	Armel

b. Quel moyen utilise Nathanaëlle pour réaliser son plan ? Expliquez.

....

La maison aux volets bleus

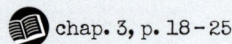 chap. 3, p. 18-25

Nathanaëlle se rend chez ses grands-parents pour comprendre ce qui leur est arrivé. Lisez le chapitre 3 et faites un dessin de ce que vous avez compris dans le texte.

les environs

la maison aux volets bleus

la salle à manger

La maison aux volets bleus

chap. 3, p. 18-25

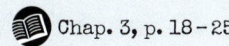

L'enquête commence !

📖 Chap. 3, p. 18–25

Nathanaëlle poursuit le travail inachevé de la police. Elle commence à mener son enquête policière.

❶ Relevez dans le chapitre 3 tout le vocabulaire de l'enquête policière et faites un filet à mots. Vous pourrez le compléter au fur et à mesure de votre lecture.

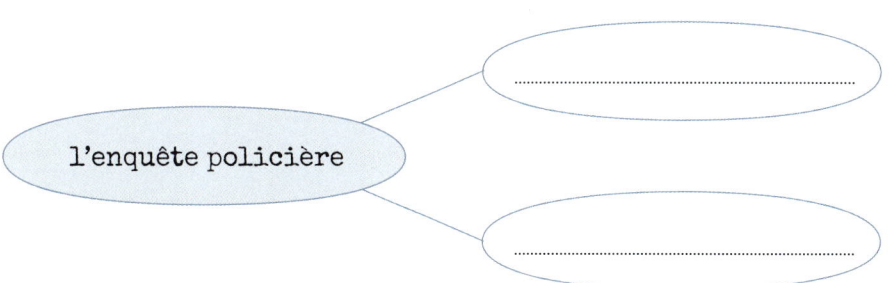

l'enquête policière

❷ Comment s'est déroulée la mort d'Élise et de René ? Reconstruisez à l'aide des informations du chapitre 3 le scénario de la mort de d'Élise et de René. Ajoutez votre propre hypothèse.

....

....

....

....

....

....

❸ Pour trouver un indice utile, Nathanaëlle cherche partout. Qu'est-ce qu'elle découvre dans le tiroir du buffet ? Qu'est-ce qu'elle apprend ?

Les témoins de l'histoire

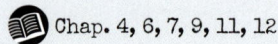 Chap. 4, 6, 7, 9, 11, 12

Au cours de son enquête, Nathanaëlle rencontre différentes personnes qui lui racontent ce qu'elles ont vu, entendu le soir du crime mais aussi ce qu'elles savent d'Élise et de René.

Sous forme de tableau, prenez – au cours de votre lecture – des notes de ces témoignages et indiquez vos références.

Témoin	Notes	Référence (page, ligne)
le fermier de La Grabottine		
Raymonde Lompel		
Danièle		
Simone		
Mme Delahaye		

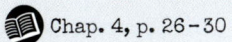

Un cri

Chap. 4, p. 26 – 30

1 Malgré le sérieux de l'histoire, Nathanaëlle garde un certain humour. Décrivez sa façon de parler d'elle-même, de son comportement et de ses sentiments. Donnez des exemples tirés du chapitre 4.

Exemples	Référence dans le texte (page, ligne)
• Non, mais quelle idiote ! On se croirait dans un film d'horreur ! …	p. 26, l.25 …

2 « On se croirait dans un film d'horreur ! » Recherchez les éléments dans le chapitre 4 qui font peur à Nathanaëlle et aussi au lecteur.

3 En parlant avec le voisin de la Grabottine, Nathanaëlle fait une découverte :

> – Les gendarmes ont dit que vous avez entendu crier, et que c'était sans doute mon grand-père en découvrant ma grand-mère dans le ruisseau.
>
> – J'ai dit ça ? Non. J'ai juste dit que j'avais entendu crier, et qu'à la réflexion, ça pouvait être une voix humaine. Après c'est eux qui ont interprété, … (p. 28, l. 20 – 24)

Nathanaëlle trouve qu'il est important de communiquer cette nouvelle information à la gendarmerie de Saint-Jean. Elle écrit une lettre anonyme (car personne ne doit apprendre où elle est). Écrivez cette lettre. Expliquez pourquoi le cri est si important.

Tiens tiens !

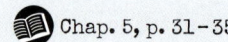 Chap. 5, p. 31–35

1 **Relisez la dernière phrase du chapitre 4 et le chapitre 5 :**

> Ce qui faisait ce bruit, je le découvris le lendemain matin. Et c'est à cause de ça que tout bascula. (p. 30, l. 27 – 28)

Nathanaëlle va au grenier pour découvrir d'où vient le bruit. Quelle découverte fait-elle ? À votre avis, pourquoi est-ce que cette découverte a tout changé ? Notez vos hypothèses.

....

....

....

2 **a.** **Le jeu des détectives ! Notez maintenant les informations données au sujet de la personne représentée sur la photo dans votre tableau des personnages de l'histoire (⟶ p. 9).**

b. Quelle impression Nathanaëlle a-t-elle de l'homme sur la photo ? Qui a caché la photo ? Quelle relation cette personne a-t-elle avec l'homme de la photo ?

....

....

....

3 **a.** **Les parents de Nathanaëlle l'appellent du Népal. Mettez-vous à sa place et rédigez son monologue intérieur dans lequel elle réfléchit, si et pourquoi elle aimerait, mais ne peut pas, leur raconter ses expériences.**

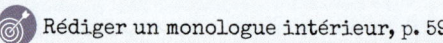 Rédiger un monologue intérieur, p. 59

b. Après l'appel de ses parents, Nathanaëlle veut continuer son enquête. Que va-t-elle faire ?

....

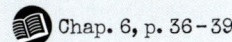

Virgile

📖 Chap. 6, p. 36–39

1 Le jeu des détectives ! Que raconte Raymonde Lompel à Nathanaëlle ? Lisez le chapitre 6 en prenant des notes dans votre dossier d'enquête (Les témoins de l'histoire ⟶ p. 14).

🎯 Préparer un jeu de rôle, p. 60

2 Utilisez vos notes pour jouer le dialogue entre Nathanaëlle et Raymonde Lompel :

– Introduisez chaque détail important dans votre dialogue.

– Montrez les réactions de Nathanaëlle et de Raymonde Lompel en travaillant les expressions de vos visages.

3 août 1943

📖 Chap. 7, p. 40–46

1 Dans quel état se trouve Nathanaëlle après sa conversation avec Raymonde Lompel ? Relisez le début du chap. 7 jusqu'à la page 41, ligne 13. Cochez les adjectifs qui correspondent et justifiez vos choix avec un élément du texte.

[ ] perdue : _____   [ ] honteuse : _____

[ ] joyeuse : _____   [ ] étonnée : _____

[ ] choquée : _____   [ ] triste : _____

[ ] décidée : _____   [ ] confiante : _____

2 Avant de repartir chez elle, Nathanaëlle veut ranger la photo de Virgile avec les affaires de sa grand-mère. Complétez le texte à trous avec les mots qui conviennent.

Nathanaëlle monte au _____ pour ranger la _____ qu'elle y a trouvée. Elle ouvre le _____ et y trouve la _____ de sa grand-mère. A l'époque, chaque fille de la _____ en avait une pour ranger ses affaires. Quand elle était petite, Nathanaëlle n'avait pas le droit de jouer avec les _____ de sa grand-mère. Curieuse, Nathanaëlle ouvre le _____ et sort les affaires de sa grand-mère. En-dessous, elle y trouve une _____ et dedans _____ qu'elle ouvre également. Ouah ! Pile ce qu'elle cherchait : deux photos de groupe, où il était, ce Virgile !

3 août 1943

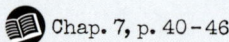 Chap. 7, p. 40 – 46

3 Les deux photos de groupe ont été prises le jour de l'anniversaire de Simone, le 3 août 1943. Dessinez-les en mettant l'accent sur les visages d'Élise, de René et de Virgile.

4 Nathanaëlle est interrompue dans ses réflexions par l'arrivée de quelqu'un. Lisez le chapitre jusqu'à la fin. Répondez d'abord aux questions suivantes :

a. Qui est Danièle ?
b. Que veut-elle ?
c. Que promet-elle ?

Ensuite, ajoutez les informations que Danièle donne à Nathanaëlle sur la mort de ses grands-parents et sur Virgile dans votre dossier d'enquête (Les témoins de l'histoire ⟶ p. 14).

5 Dans le texte, Nathanaëlle apprend également des choses sur l'Occupation allemande, la Collaboration et la Résistance. Relisez les pages 44 et 45 et répondez aux questions suivantes :

a. Quand les Allemands ont-ils gagné la guerre ?
b. De quelle façon les résistants attaquaient-ils les Allemands ?
c. Comment réagissaient les Allemands ?
d. Qu'est-ce qu'était la Milice ? Que faisait la Milice ?

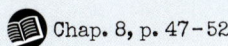

Des révélations ahurissantes !

Chap. 8, p. 47–52

Au fond du coffret de bois, Nathanaëlle découvre un vieux cahier, le journal intime de sa grand-mère. Elle l'ouvre pour le lire et y trouve des informations sur la vie de sa grand-mère, Élise, en 1943. Élise est à la fois très en colère et très heureuse.

 Notez à gauche les choses qui la mettent en colère et à droite celles qui la rendent heureuse.

2 **« Il s'appelle Virgile ». Élise a eu le coup de foudre pour Virgile. Relevez dans le texte tous les mots / toutes les expressions qui se rapportent au coup de foudre et complétez le filet à mots.**

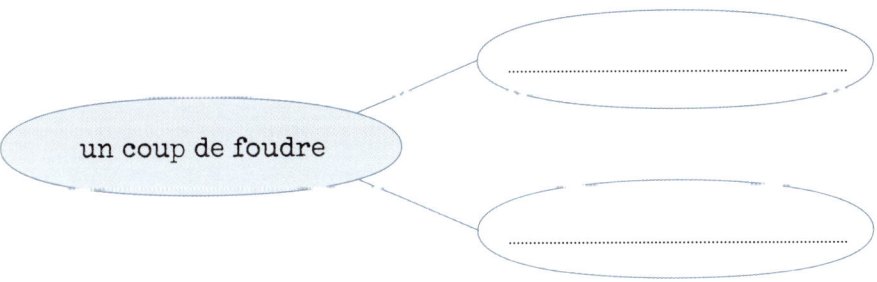

un coup de foudre

3 **L'amour en temps de guerre : Quels effets peut avoir l'amour en temps de crise ?**

a. Cochez.

[ ] l'amour apporte l'espoir
[ ] l'amour rend triste
[ ] l'amour donne du courage
[ ] l'amour souligne les difficultés

[ ] l'amour permet d'oublier ses problèmes
[ ] l'amour apporte un sentiment de sécurité
[ ] l'amour fait peur
[ ] l'amour apporte le réconfort

b. À deux ou trois, comparez vos résultats.

Une vengeance ?

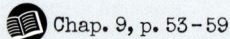 Chap. 9, p. 53−59

1 Relisez le chapitre 9 à partir de la page 54, l. 8 jusqu'à la fin et dégagez les trois grands thèmes de la discussion entre Simone, Nathanaëlle et Danièle.

1) p. 54, l. 8 – p. 55, l. 26 : ....

2) p. 55, l. 27 – p. 56, l. 34 : ....

3) p. 57, l. 1 – p. 59 (fin) : ....

2 Le jeu des détectives !

Ajoutez les informations que Simone donne à Nathanaëlle sur Virgile dans votre dossier d'enquête (Les témoins de l'histoire ⟶ p. 14).

3 Une lettre à Madeleine

Imaginez que Simone – après son anniversaire – envoie une lettre à son amie Madeleine qui habite en zone libre. Mettez-vous à la place de Simone et rédigez cette lettre, dans laquelle vous racontez à Madeleine :
- l'anniversaire, la confection du gâteau
- les privations

Vous lui écrivez aussi que votre mère a arrêté de travailler et expliquez pourquoi.

4 Qui croire ?

Nathanaëlle apprend que Virgile n'a pas tué le mari de Mme Lompel. Elle change d'avis sur lui. Exprimez son soulagement sous forme d'entrée dans le cahier qu'elle a commencé à écrire : « En attendant, je m'appropriai le cahier (celui où il n'y avait rien d'écrit) et décidai dans l'instant de faire comme elle, et d'y consigner ce que j'apprenais, ou ce qui m'arrivait, au jour le jour. » (p. 53, l. 14 – 17).

5 Une vengeance ?

À votre avis, qu'a dit ou fait Virgile en apprenant la nouvelle du mariage d'Élise et de René ?

Que suggère le titre du chapitre : Une vengeance ? ....

....

Que peut faire Nathanaëlle pour voir plus clair ? ....

....

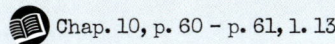

Le fils de Virgile

Chap. 10, p. 60 – p. 61, l. 13

1 **Lisez le début du chapitre 10 jusqu'à la page 61, l. 13. Que s'est-il passé entre le 10 et le 17 décembre, date à laquelle Virgile n'est pas venu ?**
Travaillez à quatre selon la méthode du set de table :
- **Réfléchissez à la question posée, chacun pour vous, et notez votre réponse sur votre partie de set.**
- **Puis, lisez ensemble vos quatre réponses.**
- **Quelle est la meilleure réponse ? Décidez ensemble et notez-la au milieu de la feuille.**

Chap. 10, p. 62, l. 27 – p. 64, l. 21

2 **Lisez la suite du chapitre 10 jusqu'à la page 64, l. 21 et répondez aux questions suivantes :**

a. Qui est le fils de Virgile ?

....

b. Quelle est la réaction de Virgile ?

....

c. Pourquoi ne veulent-ils pas informer les Jugan tout de suite ?

....

....

d. Pourquoi la situation d'Élise devient-elle plus difficile après la disparition de Virgile le 17 décembre ?

....

e. Pourquoi – selon Raymonde Lompel – Élise avait-elle de la chance dans sa situation ?

....

Le fils de Virgile

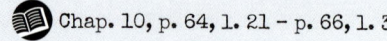 Chap. 10, p. 64, l. 21 – p. 66, l. 3

3 Lisez le chapitre 10 jusqu'à la fin.

4 Au cours du chapitre 10, Nathanaëlle se pose beaucoup de questions et émet de nombreuses hypothèses. Si seulement elle savait quoi faire…

a. « Et si j'allais voir Mme Delahaye pour lui parler… ? » Un ange et un diable donnent des conseils à Nathanaëlle. Complétez avec les formes du conditionnel présent.

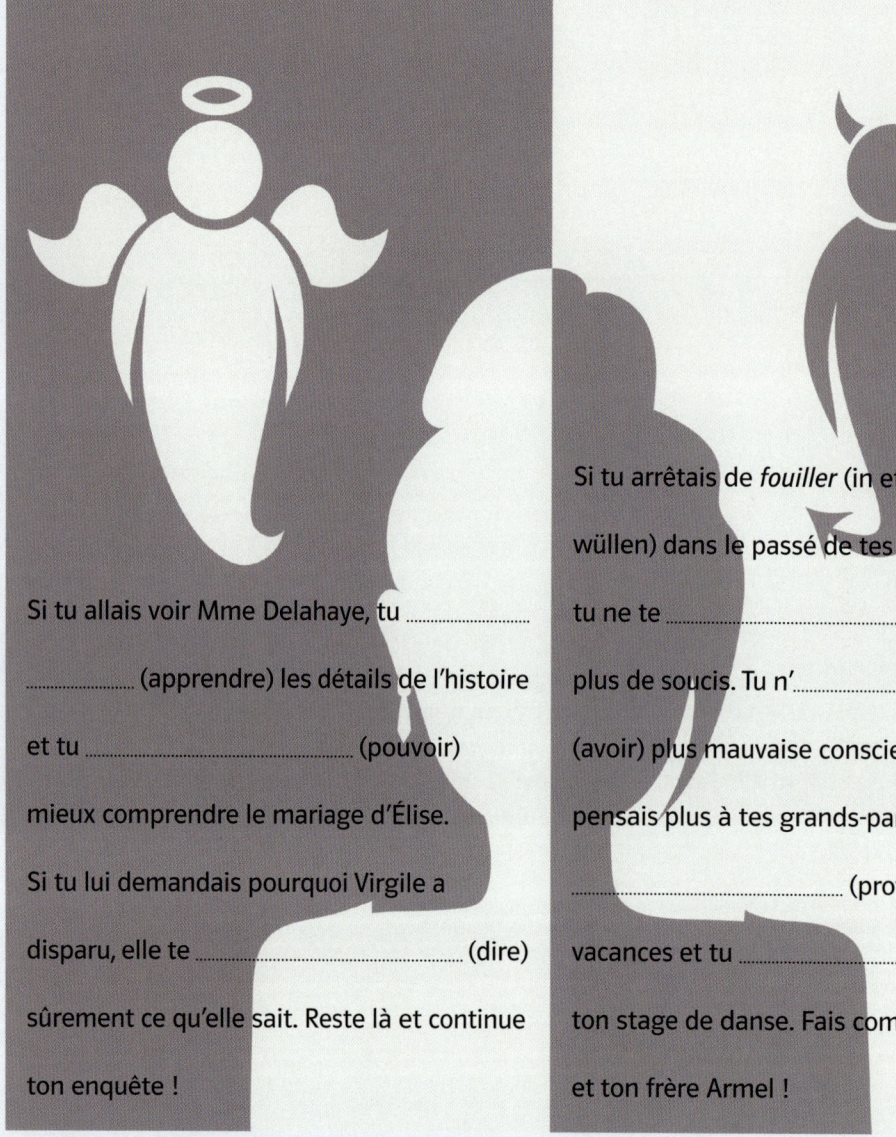

Si tu allais voir Mme Delahaye, tu _____ _____ (apprendre) les détails de l'histoire et tu _____ (pouvoir) mieux comprendre le mariage d'Élise. Si tu lui demandais pourquoi Virgile a disparu, elle te _____ (dire) sûrement ce qu'elle sait. Reste là et continue ton enquête !

Si tu arrêtais de *fouiller* (in etw herumwüllen) dans le passé de tes grands-parents, tu ne te _____ (faire) plus de soucis. Tu n'_____ (avoir) plus mauvaise conscience. Si tu ne pensais plus à tes grands-parents morts, tu _____ (profiter) de tes vacances et tu _____ (aller) à ton stage de danse. Fais comme tes parents et ton frère Armel !

b. Tout comme Nathanaëlle aujourd'hui, Élise autrefois s'était retrouvée confrontée à un dilemme : « Tout aurait pu être si différent ». Complétez avec les formes qui conviennent.

Autrefois, Élise s'était retrouvée face à un dilemme. Les gens du village l'................................

.... (critiquer) si elle .... (élever) son bébé seule. Mais, elle

aimait Virgile et ne voulait pas faire de compromis. Si Virgile ne l'.............................. pas

.... (demander) en mariage, elle .... vraiment

.... (croire) qu'il .... (abandonner). Mais si Virgile

s'.............................. seulement .... (enfuir) après l'explosion du dépôt de

munitions, ne ....-il pas .... (revenir) ? En attendant,

Élise avait épousé René pour donner un père à son enfant. Et si Virgile ....

(revenir), est-ce qu'Élise .... (quitter) René pour vivre avec lui ?

Et maintenant, Nathanaëlle, si elle .... (raconter) la découverte de son

nouveau grand-père à son père, il .... (être) choqué. Mais ses parents ne

.... (pouvoir) plus lui faire confiance s'ils .... (apprendre)

en lisant un jour le Livre de Jeune Fille d'Élise que Nathanaëlle leur a menti. Que faire ?

c. Soulignez les mots dans le texte qui vous ont permis de trouver quel temps utiliser (imparfait, plus-que-parfait, conditionnel présent ou conditionnel passé).

d. Nathanaëlle se demande : « Est-ce que je pouvais révéler une chose pareille à mon père qui vénérait tellement le sien ? » (p. 64, l.13 – 14). **Donnez-lui un conseil et commencez par : « À ta place, je (ne) raconterais (rien / tout) à mon père, car... »**

Les photos racontent mieux que personne

📖 Chap. 11, p. 67–73

1   **Lisez le chapitre 11 et dites si les affirmations suivantes sont vraies ou fausses. Justifiez vos réponses.**

1. Nathanaëlle a tiré le crime au clair : Virgile a forcé Élise à sauter par-dessus le ruisseau, elle s'est tuée en tombant.

[ ] Vrai, ...

[ ] Faux, ...

2. Nathanaëlle aimerait parler du secret de famille à ses parents au téléphone.

[ ] Vrai, ...

[ ] Faux, ...

3. L'atmosphère décontractée du monastère que les parents visitent au Népal les aide à accepter la mort de René et d'Élise.

[ ] Vrai, ...

[ ] Faux, ...

4. Nathanaëlle est triste parce que ses parents sont loin.

[ ] Vrai, ...

[ ] Faux, ...

5. Nathanaëlle découvre qu'avec le temps Élise a oublié Virgile et est tombée amoureuse de René.

[ ] Vrai, ...

[ ] Faux, ...

6. Nathanaëlle reproche à son grand-père d'avoir profité de la situation et d'avoir épousé la femme qu'il aimait sans qu'elle lui rende son amour.

[ ] Vrai, ...

[ ] Faux, ...

7. Sur la photo de groupe de l'anniversaire de Simone, René ne regarde qu'Élise.

[ ] Vrai, ...

[ ] Faux, ...

Les photos racontent mieux que personne

Chap. 11, p. 67–73

2 En complétant le tableau des personnages (→ p. 9), faites un portrait de Nathanaëlle et d'Élise et analysez leur comportement.

	Personnage (informations générales, âge, aspect physique, etc.)	Comportement	État d'âme / Sentiments	Caractérisation directe	Caractérisation indirecte
Personnages principaux	Nathanaëlle				
	Élise				

3 Qu'associez-vous au mot « un secret » ? Faites un remue-méninges et complétez le filet à mots.

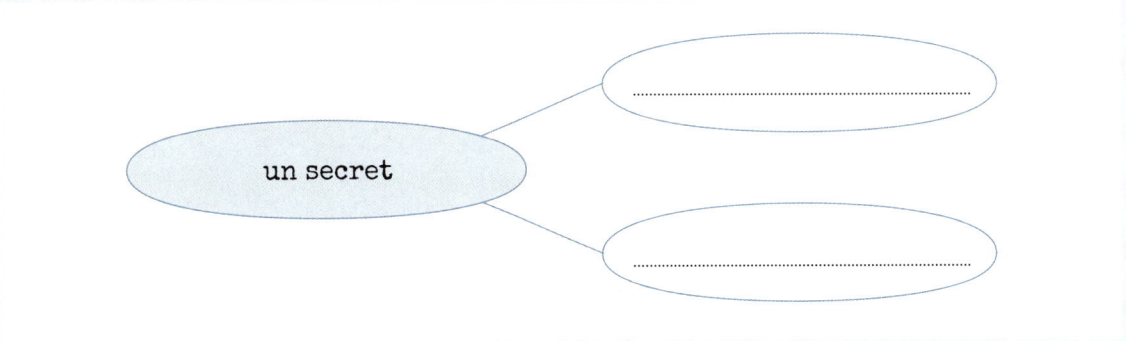

un secret

Une histoire terrible

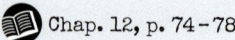 Chap. 12, p. 74–78

1 **a.** Nathanaëlle retourne à la maison de retraite dans l'après-midi. Comme si l'histoire n'était déjà pas assez bouleversante, elle apprend d'autres éléments essentiels sur Virgile et René. Elle décide d'écrire ce que lui révèle Mme Delahaye dans le Livre de Jeune Fille de sa grand-mère.

b. Comparez votre texte avec celui de votre partenaire : Quels points communs, quelles différences ont vos textes ? Discutez.

2 **a.** Complétez les notes que vous avez déjà prises sur le personnage d'Élise (⟶ p. 25).

b. Rédigez ensuite un texte qui la caractérise : Vous adoptez le rôle d'un metteur en scène qui souhaite adapter le roman au cinéma et qui veut donner des instructions à une actrice qui jouerait le rôle d'Élise.

Celui qui n'aurait jamais dû venir

Chap. 13, p. 79–87

❶ Le jeu des détectives !

Nathanaëlle s'apprête à prendre le car, quand elle reçoit une dernière visite surprise. Qu'est-ce qu'elle apprend sur René ? Prenez des notes.

....

....

....

....

....

....

❷ René, coupable ? !

a. Nathanaëlle continue le Livre de Jeune Fille d'Élise. Rédigez ce qu'elle écrit au sujet de cette terrible et dernière découverte.

b. Considérez-vous le mariage de René avec Élise toujours comme un acte de générosité / gentillesse ? Discutez avec un partenaire.

Après la lecture du roman

L'évolution de Nathanaëlle

🎯 Faire le portrait d'un personnage, p. 59

1 **Rédigez un texte qui caractérise Nathanaëlle. Parlez de son évolution entre le début et la fin du roman. Prenez des notes ci-dessous et écrivez votre texte sur une feuille séparée.**

....

....

....

....

....

....

....

Une critique personnelle du roman

🎯 Rédiger une critique littéraire, p. 61

2 **Rédigez une critique du roman : Résumez brièvement l'intrigue et donnez votre avis personnel sur le roman. Souhaiteriez-vous le conseiller à d'autres lecteurs ? Prenez des notes ci-dessous et écrivez votre texte sur une feuille séparée.**

....

....

....

....

....

....

....

Gilles Paquet-Brenner

Elle s'appelait Sarah

L'analyse filmique

Vocabulaire

Voici des mots utiles pour parler d'un film en général.

un réalisateur, une réalisatrice	(Film-) Regisseur,in
un acteur, une actrice	Schauspieler,in
un rôle principal	Hauptrolle
un rôle secondaire	Nebenrolle
un personnage principal	Hauptperson
un/e scénariste	Drehbuchautor,in
le scénario	Drehbuch
la didascalie	Regieanweisung
une caméra	Kamera
le décor	Szenenaufbau
l'éclairage *m*	Beleuchtung
un costume	Kostüm
tourner un film	einen Film drehen
le lieu de tournage	Drehort
se dérouler (l'action se déroule à…)	sich abspielen (die Handlung spielt in…)
le zoom (avant / arrière)	Zoom (nach vorne / hinten) (= Kamerabewegung)
un accéléré ; en accéléré	Zeitraffer; im Zeitraffer
un ralenti ; au ralenti	Zeitlupe; in Zeitlupe
un flash-back	Rückblick
une anticipation	Vorwegnahme
le son	Ton
une bande-son	Tonspur
un fond sonore	Hintergrundmusik, Geräuschkulisse
le suspense [syspɛns]	Spannung
une voix off	eine Stimme aus dem Off (= man sieht den Sprecher nicht, z. B. für Gedanken)
une affiche de film	Filmplakat
un spectateur, une spectatrice	Zuschauer,in
le public	Publikum
une critique	Rezension
porter un roman à l'écran	einen Roman verfilmen

L'analyse filmique

Identifier la prise de vue

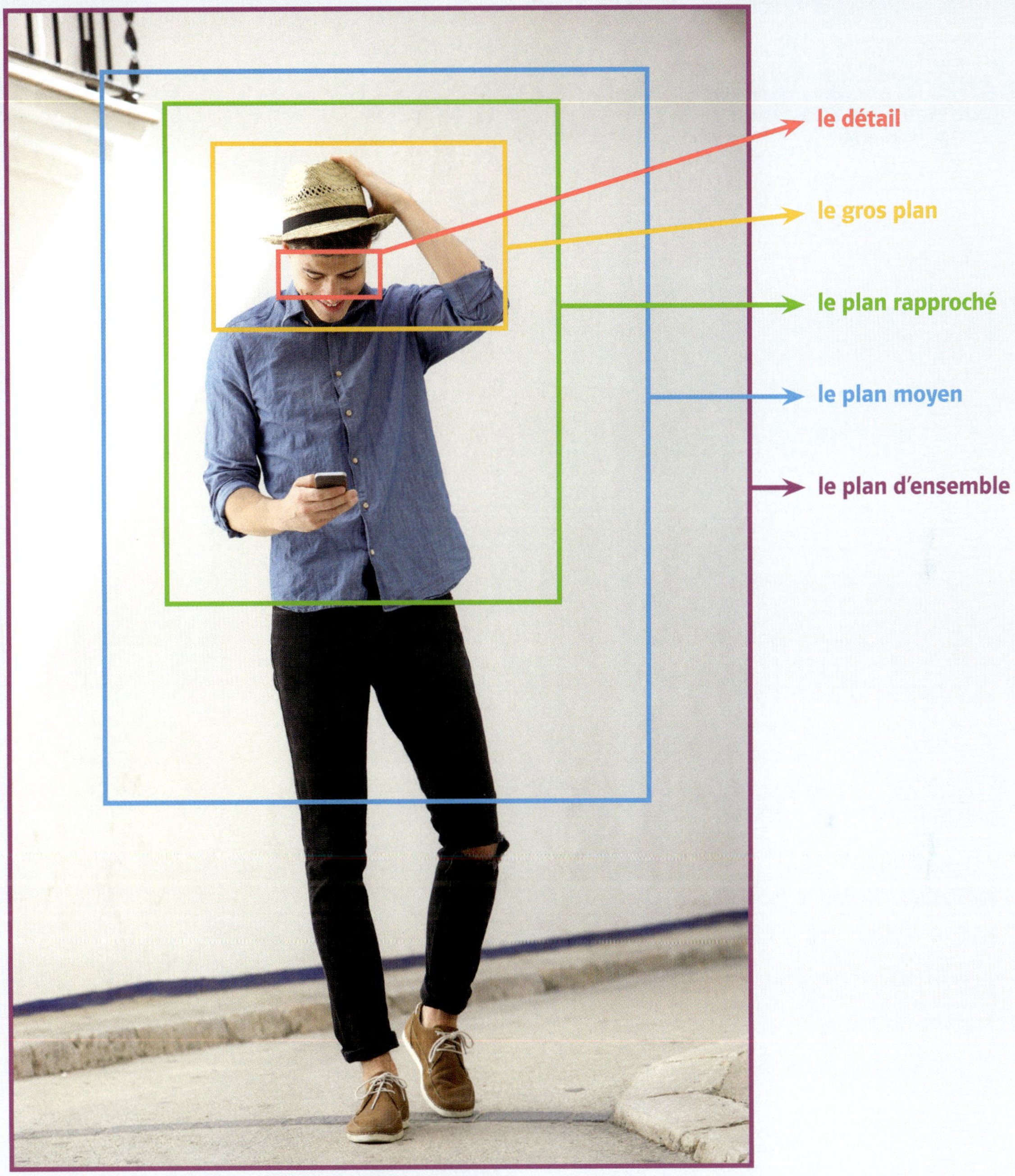

le détail

le gros plan

le plan rapproché

le plan moyen

le plan d'ensemble

Les perspectives de la caméra

La plongée
la caméra filme du haut et donne une vue vers le bas

L'angle normal /
La perspective neutre
la caméra est à la hauteur de l'objet filmé

La contre-plongée
la caméra filme du bas et donne une vue vers le haut

Le vocabulaire pour parler de ce film

un Juif, une Juive	Jude, Jüdin
la persécution ; persécuter qn	Verfolgung ; jdn verfolgen
poursuivre qn (je poursuis, nous poursuivons, ils poursuivent, j'ai poursuivi)	jdn verfolgen
arrêter qn ; une arrestation	jdn verhaften ; Verhaftung
la rafle	Razzia, Massenverhaftung
le vélodrome (le Vél' d'Hiv' = vélodrome d'hiver)	Radrennbahn
entasser	zusammenpferchen
inhumain,e	unmenschlich
la déportation ; déporter qn	Deportation ; jdn deportieren
un camp de concentration	Konzentrationslager
la séparation ; séparer qn	Trennung ; jdn trennen
une clôture en barbelé	Stacheldrahtzaun
la fuite	Flucht
fuir (je fuis, nous fuyons, ils fuient, j'ai fui)	fliehen, flüchten
s'enfuir (je m'enfuis, nous nous enfuyons, ils s'enfuient, je me suis enfui(e))	fliehen, flüchten
s'échapper	entkommen
laisser échapper qn	jdn entkommen lassen
le gardien, la gardienne	Wächter(in), Wärter(in)
la clé / clef [kle]	Schlüssel
le placard	Schrank
cacher qn / qc	jdn / etw verstecken
enfermer qn / qc	jdn / etw einschließen
coupable ; la culpabilité	schuldig ; Schuld
révéler un secret (de famille)	(Familien-) Geheimnis enthüllen, verraten
désespéré,e ; le désespoir	verzweifelt ; Verzweiflung
enquêter sur qc / qn	eine Untersuchung über etw / jdn durchführen, Erkundigungen über etw / jdn einziehen
une enquête	Untersuchung
la recherche ; être à la recherche de qc / qn	Suche ; auf der Suche nach etw / jdm sein
curieux, curieuse ; la curiosité	neugierig ; Neugierde
être enceinte	schwanger sein
un avortement	Abtreibung
avorter ; faire subir un avortement à une femme	ein Kind abtreiben

L'arrière-plan historique du film

Travaillez à deux : l'un regarde le texte A, l'autre le texte B. Comparez les deux textes, cherchez les 19 différences, discutez quelle information est correcte et corrigez les fautes.

Texte A :

Le 10 mai 1940, pendant la Première Guerre mondiale, Hitler attaque la France. En quelques semaines, l'Allemagne bat l'armée française. Le 22 juin 1940, on signe l'armistice. Par conséquent, l'Est de la France (l'Alsace-Lorraine) est annexé par l'Allemagne. En plus, la France est divisée en deux

5 parties : le nord est la zone occupée dans laquelle les Français règnent. Le sud est une zone libre avec un gouvernement français à Strasbourg et le maréchal Pétain comme chef. Mais le maréchal Pétain collabore avec l'Allemagne, c'est-à-dire il fait ce qu'il veut. Alors, les Français persécutent aussi les Juifs en France. Le 16 et 17 juillet 1942, au moins 4500 policiers

10 français arrêtent plus de 13 000 Juifs à Paris. Ensuite, on entasse plus de 8000 Juifs (dont 200 enfants) dans le Vél d'Hiv, le vélodrome d'hiver à Paris. Il y fait extrêmement froid, il n'y a pas de toilettes et trop peu de nourriture et d'eau. Environ 10 Juifs meurent sur place, environ 100 se suicident. Quelques jours après cette rafle, on déporte les autres Juifs dans des camps

15 de concentration : d'abord à Drancy en France, après à Dachau.

Dans les années 40, il y aussi des Français qui ne sont pas contents de l'Occupation et font partie de la Résistance. Alors, ils luttent contre les occupants allemands en distribuant des tracts.

Le 6 juin 1944, les Alliés débarquent en Belgique, puis en Provence. Le

20 25 août, ils libèrent Strasbourg. C'est la fin de l'Occupation allemande.

Après la Seconde Guerre mondiale, la collaboration française avec l'Allemagne et surtout la rafle du Vél d'Hiv sont des sujets tabous. Ce n'est qu'en 1995 que le président français François Hollande s'excuse dans un discours public.

2 **en (quelques semaines / années)** innerhalb (einiger Wochen / Jahre)
3 **signer** unterzeichnen
3 **l'armistice** f Waffenstillstand
3 **l'Alsace-Lorraine** Elsass-Lothringen
4 **annexer** annektieren
4 **diviser** teilen
5 **régner** herrschen
9 **au moins** mindestens
10 **entasser** zusammenpferchen
11 **le vélodrome** Radrennbahn
14 **la rafle** Razzia, Massenverhaftung
19 **les Alliés** mpl Alliierten
19 **débarquer** landen
20 **libérer** befreien
24 **un discours** Rede

L'arrière-plan historique du film

Travaillez à deux : l'un regarde le texte A, l'autre le texte B. Comparez les deux textes, cherchez les 19 différences, discutez quelle information est correcte et corrigez les fautes.

Texte B :

2 **en (quelques semaines / années)** innerhalb (einiger Wochen / Jahre)
3 **signer** unterzeichnen
3 **l'armistice** *f* Waffenstillstand
3 **l'Alsace-Lorraine** Elsass-Lothringen
4 **annexer** annektieren
4 **diviser** teilen
5 **régner** herrschen
9 **au moins** mindestens
10 **entasser** zusammenpferchen
11 **le vélodrome** Radrennbahn
14 **la rafle** Razzia, Massenverhaftung
19 **les Alliés** *mpl* Alliierten
19 **débarquer** landen
20 **libérer** befreien
24 **un discours** Rede

Le 10 mai 1940, pendant la Seconde Guerre mondiale, Hitler attaque la France. En quelques années, l'Allemagne bat l'armée française. Le 22 juin 1940, on signe l'armistice. Par conséquent, l'Ouest de la France (l'Alsace-Lorraine) est annexé par l'Allemagne. En plus, la France est divisée en deux parties : le nord est la zone occupée dans laquelle les Allemands règnent. Le **5** sud est une zone libre avec un gouvernement français à Vichy et le maréchal Pétain comme chef. Mais le maréchal Pétain collabore avec l'Allemagne, c'est-à-dire il fait ce que Hitler veut. Alors, les Français persécutent aussi les Juifs en France. Le 16 et 17 juillet 1942, au moins 1000 policiers français arrêtent plus de 13 000 Juifs à Paris. Ensuite, on entasse plus de 8000 Juifs **10** (dont 4000 enfants) dans le Vél d'Hiv, le vélodrome d'été à Paris. Il y fait extrêmement chaud, il n'y a pas de toilettes et trop peu de nourriture et d'eau. Environ 30 Juifs meurent sur place, environ 30 se suicident. Quelques jours après cette rafle, on déporte les autres Juifs dans des camps de concentration : d'abord à Drancy en France, après à Auschwitz-Birkenau. **15**

Dans les années 40, il y aussi des Français qui ne sont pas contents de l'Occupation et font partie du parti communiste. Alors, ils luttent contre les occupants allemands en commettant des actes de sabotage.

Le 6 juin 1944, les Alliés débarquent en Normandie, puis en Provence. Le 25 août, ils libèrent Paris. C'est la fin de l'Occupation allemande. **20**

Après la Seconde Guerre mondiale, la collaboration française avec l'Allemagne et surtout la rafle du Vél d'Hiv sont des sujets tabous. Ce n'est qu'en 1995 que le président français Jacques Chirac s'excuse dans un discours public.

Les affiches du film

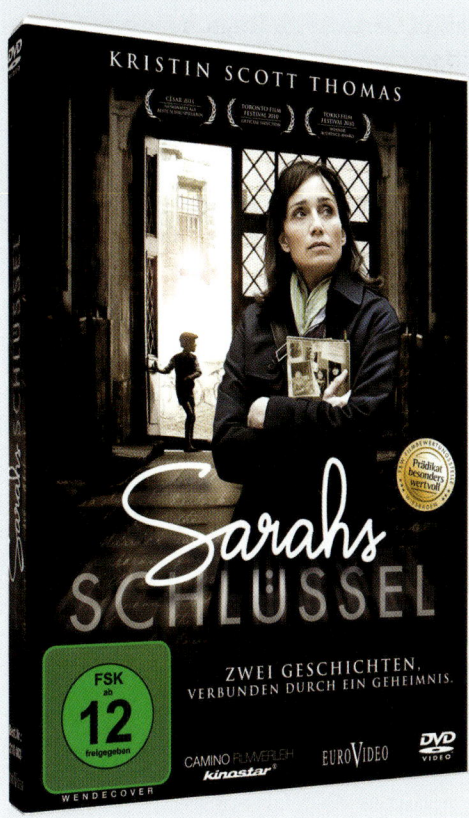

1 Mettez-vous à deux. Comparez les deux affiches du film / couvertures de DVD : l'élève 1 regarde les images, l'élève 2 s'occupe du titre et des informations supplémentaires (et leur fonction). Notez ce que les affiches ont en commun et ce qui est différent. Après, présentez vos résultats à votre voisin(e).

2 Ensuite, faites des hypothèses sur l'action du film :

a. Qui pourrait être Sarah ?

b. Pourquoi est-ce qu'une clé pourrait jouer un rôle important ?

c. Quelle pourrait être la relation entre Sarah et la femme adulte ?

d. Quel type de film est-ce : une comédie, un drame, un film d'amour, un documentaire – et pourquoi ?

Le résumé de l'histoire

Complétez le texte au fur et à mesure (nach und nach) du visionnage et barrez les informations fausses.

	l'histoire de Sarah	l'histoire de Julia
1.	En juillet 1942, des policiers arrêtent les .... Sarah Starzynski (10 ans) et sa mère. Sarah cache .... Michel dans .... et lui dit qu'elle reviendra plus tard.	En 2009, ..., une .... américaine qui vit à Paris, visite .... des grands-parents de son mari Bertrand dans lequel elle pourrait emménager. Après, elle dit à son chef qu'elle veut écrire un long article .... du Vél d'Hiv.
2.	On enferme Sarah et ses .... avec des milliers d'autres Juifs au .... dans des conditions inhumaines. Une femme juive réussit à .... Quand le père de Sarah demande aux policiers s'il peut aller chercher ...., ils	Julia fait .... pour son article. Aujourd'hui, on ne peut plus rien voir / on voit encore les murs du vélodrome. Une vieille dame lui raconte que .... autour du Vél d'Hiv était insupportable.
3.	On entasse Sarah et ses parents dans	Julia rend visite à la grand-mère de son mari Bertrand qui lui raconte qu'elle a emménagé dans l'appartement en ...., mais qu'elle sait / ne sait pas pourquoi cet appartement était libre.
4.	À l'arrivée dans un camp, Sarah est .... On la .... de son père.	Julia dit à son mari Bertrand qu'elle est ...., il veut qu'elle ....
5.	On sépare Sarah de	Julia cherche des informations sur l'appartement. Un historien lui fait imprimer (ausdrucken) .... de Sarah et Michel.

Le résumé de l'histoire

	l'histoire de Sarah	l'histoire de Julia
6.	Sarah et une autre fille réussissent à .... du camp.	Julia veut connaître l'histoire de Sarah et de Michel parce qu'ils n'apparaissent pas sur la liste des morts dans les .... Elle ne répond pas aux appels de son .... Edouard Tézac.
7.	Le .... Jules Dufaure découvre Sarah et son amie malade dans son étable (Stall). Il appelle ...., mais c'est trop tard, il n'arrive pas à sauver son amie. Ensuite, les Dufaure vont en train / en bus / en voiture à .... avec Sarah qui est déguisé (verkleidet) en .... Sarah retourne à l'appartement où .... habite maintenant et elle constate que son frère est .... dans	Edouard raconte à Julia que .... étaient dans l'appartement quand Sarah est venue pour chercher son frère. Par la suite, son père a tout raconté à sa femme / n'a plus jamais parlé de Sarah. Julia explique à .... qu'elle ne pourra pas / pourra habiter dans cet appartement. Bertrand reproche alors à son père Edouard d'avoir tout raconté à Julia / de n'avoir rien raconté – Edouard dit que c'était pour protéger sa mère. Dans .... qu'Edouard a reçue après la mort de ...., Julia trouve un dossier « Sarah » avec ....
8.	Dans une de ces lettres, M. Dufaure remercie le père d'Edouard pour .... qu'il lui envoie pour Sarah chaque .... Il lui donne des nouvelles de Sarah.	Julia avorte / n'avorte pas bébé parce qu'elle a reçu un message de l'arrière-petite-fille (Urenkelin) de .... Quand les deux femmes se rencontrent, Julia apprend que M. Dufaure .... Sarah depuis plus de 50 ans.

Le résumé de l'histoire

	l'histoire de Sarah	l'histoire de Julia
9.	En 1953, Sarah .... la maison des Dufaure sans les prévenir. Deux ans plus tard, elle leur envoie seulement .... à son mariage avec Richard Rainsferd à .... sans plus d'explications.	Julia va à .... pour chercher Richard et Sarah Rainsferd.
10.	En 1966, Sarah .... en rentrant avec sa voiture dans un camion.	La deuxième femme de Richard Rainsferd, une Italienne, raconte que la mort de Sarah était .... et que le fils de Sarah, ..., habite en .... Après, Julia va à .... pour le rencontrer. Mais il ne sait rien / sait tout du passé juif de sa mère et il ne veut rien en savoir / est curieux de savoir la vérité.
11.	Richard raconte qu'il a rencontré Sarah dans .... Pendant les années suivantes, il a essayé da la rendre heureuse, mais elle était bien trop triste et elle est devenue de plus en plus	William rend visite à .... et Richard lui raconte que Julia a raison. Il lui donne .... de Sarah.
12.		Deux ans plus tard, Julia vit .... avec ses deux filles (sans Bertrand). .... la rencontre et lui montre .... de sa mère. Julia lui dit qu'elle a appelé sa deuxième fille ....

Les premiers indices

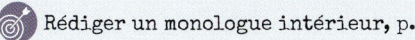 Rédiger un monologue intérieur, p. 59

Voici Julia qui regarde les photos de Sarah et Michel. Mettez-vous dans sa peau et notez ses pensées dans la bulle (au moins six phrases).

Porter une scène du roman à l'écran

 Lisez l'extrait suivant du roman de Tatiana de Rosnay sur lequel le film se base.

3 **se douter de qc** etw ahnen
6 **repérer** remarquer
7 **ramper** kriechen
9 **une fillette** une petite fille
10 **se mettre à l'abri de qc** Schutz vor etw suchen
11 **une ombre** Schatten
12 **le fusil** Gewehr
13 **assoupi,e** dösend
14 **une prairie** Wiese
14 **un champ** Feld
16 **se tapir** sich verkriechen
21 **enfiler** mettre (überstreifen)
22 **la couche** Schicht
23 **un frisson de dégoût** Schauder (vor Ekel)
24 **élimé** abgewetzt
24 **appartenir** gehören
27 **onduler** sich schlängeln
28 **étroit,e** eng
29 **se déchirer la peau** sich die Haut aufreißen
31 **prendre garde** faire attention
32 **un pas** Schritt
34 **soulever** hochheben
34 **le col** Kragen
34 **secouer** schütteln
35 **défaillir de terreur** vor Schrecken fast in Ohnmacht fallen
36 **saisir** packen
36 **la cheville** Knöchel
37 **sans égard** ohne Rücksicht
38 **le sang** Blut
39 **sangloter** pleurer (schluchzen)
40 **le menton** Kinn
41 **le défi** Herausforderung
43 **rouquin** avec des cheveux roux (rouge)
45 **croiser qn** rencontrer qn
46 **instantanément** tout à coup
47 **embarrassé,e** verlegen
48 **hocher la tête** nicken

Rachel l'avait convaincue. Elles allaient s'échapper. Elles allaient quitter cet endroit. C'était ça ou mourir. […] Cette fuite était un secret entre elles. Elles n'en avaient parlé à aucun autre enfant. Personne ne s'en douterait. Elles s'échapperaient en plein jour parce qu'elles avaient remarqué que la plupart du temps, les policiers ne faisaient pas attention à eux dans la journée. […] 5
Elles avaient repéré un petit espace dans la clôture de barbelés, suffisamment large pour qu'un enfant puisse passer de l'autre côté en rampant. […]

« Maintenant, murmura [Rachel]. Essayons maintenant. »

Le camp était silencieux, presque désert. […] Les deux fillettes entendaient des voix d'hommes et des rires lointains. Les policiers devaient s'être mis à 10
l'abri du soleil dans un des bâtiments. Le seul en vue était assis à l'ombre, son fusil posé à ses pieds. Sa tête dodelinait contre le mur et il avait la bouche ouverte. Il devait être assoupi. Elles rampèrent vers les clôtures comme de petits animaux agiles. Devant elles s'étendaient des prairies et des champs.

Il n'y avait toujours aucun bruit. Juste de la chaleur et du silence. 15
Quelqu'un les avait-il vues ? Elles se tapirent dans l'herbe, le cœur battant, puis jetèrent un coup d'œil par-dessus leur épaule. Toujours aucun mouvement. Aucun bruit. C'était donc si facile, pensa la fillette. Non, c'était impossible. Rien n'était jamais facile, en tout cas, plus maintenant.

Rachel tenait quelques vêtements serrés sous son bras. Elle demanda 20
à la fillette de se dépêcher de les enfiler. Ces couches supplémentaires les protégeraient des barbelés, lui expliqua-t-elle. La fillette ne put retenir un frisson de dégoût en enfilant difficilement un vieux pull sale et un pantalon étroit et élimé. Elle se demandait à qui avaient appartenu ces vêtements. Sans doute à un pauvre enfant mort, tout seul, loin de sa mère. 25

Toujours en rampant, elles atteignirent la petite ouverture dans les fils barbelés. […] Elles se mirent à plat ventre et ondulèrent comme des serpents pour passer de l'autre côté. Cela paraissait si étroit à la fillette. Comment réussiraient-elles à passer sans se déchirer la peau contre les barbelés, malgré leurs vêtements supplémentaires ? […] Elle vit que Rachel passait déjà la tête 30
par l'ouverture, en prenant garde de ne pas se blesser.

Soudain, la fillette entendit des pas lourds résonner dans l'herbe. Son cœur s'arrêta net. Elle leva les yeux. Une ombre immense se plaça au-dessus d'elle. Un policier. Il la souleva par le col élimé de son chemisier et la secoua. Elle se sentit défaillir de terreur. « Vous vous croyez où ? » […] L'homme, tout en 35
tenant la fillette par la peau du cou, saisit Rachel par la cheville. Elle se débattit, donna des coups de pied, mais l'homme était le plus fort. Il la tira vers lui sans égard à travers les barbelés. Le visage et les mains de Rachel étaient en sang.

Elles étaient maintenant toutes les deux face à lui. Rachel sanglotait. La fillette, elle, se tenait très droite, le menton relevé, dans une attitude de 40
défi. A l'intérieur, elle était morte de peur mais elle avait décidé de ne pas le montrer. Ou, du moins, d'essayer. Quand elle regarda enfin le visage du policier, elle ne put retenir un cri. C'était le rouquin [= le policier roux de son quartier, celui qui était si gentil. Celui avec qui sa mère aimait discuter. Celui qui lui faisait toujours un clin d'œil quand il la croisait sur le chemin 45
de l'école]. Lui aussi la reconnut instantanément. […]

Elle posa une main sur son bras. Il fut surpris et embarrassé. Puis elle lui dit : « Tu te souviens de moi, n'est-ce pas ? » Il hocha la tête […]. « Tu te souviens sans doute aussi de mon petit frère, dit-elle. Le petit blond

Porter une scène du roman à l'écran

50 tout bouclé ? » Il hocha la tête encore une fois. « Il faut me laisser partir, monsieur. C'est mon petit frère, monsieur. Il est à Paris. Tout seul. Je l'ai enfermé dans le placard parce que je croyais… » Sa voix se brisa. « Je pensais qu'il serait à l'abri comme ça ! Je dois y retourner ! Laisse-moi passer par ce trou. Tu n'auras qu'à dire que tu n'as rien vu, monsieur. »

55 [...] « Je ne peux pas faire ça, dit-il à voix basse. J'ai des ordres. »

Elle posa la main contre sa poitrine. « S'il te plaît, monsieur », dit-elle doucement.

Rachel reniflait à ses côtés, le visage barbouillé de sang et de larmes. L'homme regarda encore une fois par-dessus son épaule. Il avait l'air

60 profondément troublé. [...] Chaque minute qui s'écoulait pesait comme du plomb. L'attente était interminable. Les sanglots et les larmes, elle les sentait remonter en elle. La panique revenait. Que ferait-elle s'il les ramenait dans le camp ? Comment tiendrait-elle le coup ? Comment ? [...]

Soudain, il prononça son nom. Et lui prit la main. La sienne était chaude

65 et moite. « Vas-y, dit-il, les dents serrées. Vas-y maintenant ! Vite ! » [...] Il souleva le barbelé et la poussa violemment. Elle sentit le métal lui égratigner le front. C'était fait. Elle se redressa maladroitement. Elle était libre. Elle était passée de l'autre côté.

Rachel n'en croyait pas ses yeux, figée de stupeur. « Je veux y aller aussi »,

70 dit-elle.

Le policier l'attrapa fermement par le col. « Non, toi tu restes. » Rachel gémit. « Ce n'est pas juste ! Pourquoi elle et pas moi ? Pourquoi ? »

Il la fit taire d'un geste menaçant. Derrière le grillage, la fillette ne bougeait pas, pétrifiée. Pourquoi Rachel ne pouvait-elle pas venir avec elle ?

75 Pourquoi devait-elle rester dans le camp ?

« Je t'en prie, laisse-la partir. Monsieur, je t'en prie. » Sa voix était douce et calme. Presque une voix de jeune femme.

Le policier était mal à l'aise, embarrassé. Mais il n'hésita pas longtemps. « Allez, vas-y. » Et il poussa Rachel devant lui. « Dépêche-toi. » Il tint de

80 nouveau le barbelé tandis que Rachel rampait. Elle arriva bientôt près de la fillette, le souffle court.

Le jeune homme fouilla dans ses poches et en retira quelque chose qu'il tendit à la fillette à travers le grillage. « Prends ça. » C'était un ordre. La fillette regarda la liasse de billets qu'elle tenait désormais dans sa main, puis

85 l'engouffra dans la poche où se trouvait la clef.

L'homme se retourna vers les baraquements en fronçant les sourcils. « Pour l'amour de Dieu, courez ! Mais courez donc ! Vite. S'ils vous voient… Arrachez vos étoiles. Cherchez de l'aide. Et surtout, soyez prudentes ! Bonne chance ! »

90 La fillette aurait voulu le remercier pour son aide, pour l'argent, lui dire au revoir, mais Rachel l'avait déjà attrapée par le bras et l'entraînait dans sa course. Elles coururent à perdre haleine parmi les blés, droit devant elles, les poumons brûlants, les bras et les jambes volant en tous sens. S'éloigner du camp. Aller loin, loin ! Le plus loin possible !

extrait de *Elle s'appelait Sarah* de Tatiana de Rosnay, p. 132 – 140
© Éditions Héloïse d'Ormesson, 2007, pour la traduction française

54 **le trou** Loch
55 **un ordre** Befehl
56 **la poitrine** Brust
58 **barbouillé,e** verschmiert
59 **une épaule** Schulter
60 **peser** wiegen, schwer sein
61 **le plomb** Blei
61 **le sanglot** Schluchzer
61 **la larme** Träne
62 **ramener** zurückbringen
63 **tenir le coup** durchhalten
65 **moite** feucht
66 **égratigner le front** die Stirn zerkratzen
67 **se redresser** se lever (sich aufrichten)
67 **maladroit,e** ungeschickt
69 **figé,e de stupeur** starr vor Verblüffung
72 **gémir** stöhnen
73 **taire** schweigen
73 **le grillage** Gitter
74 **pétrifié,e** (wie) versteinert
78 **mal à l'aise** unwohl
78 **embarrassé,e** verlegen
78 **hésiter** zögern
79 **se dépêcher** sich beeilen
81 **le souffle court** kurzatmig
82 **fouiller** chercher
84 **la liasse** Bündel
86 **froncer les sourcils** Augenbrauen hochziehen
88 **arracher** abreißen
88 **prudent,e** vorsichtig
92 **la course** Rennen
92 **perdre haleine** außer Atem kommen
92 **les blés** *mpl* Korn
93 **les poumons brûlants** brennende Lungen

Porter une scène du roman à l'écran

2 **Pour voir si vous avez bien compris le texte :**

a. Numérotez les actions des personnages dans le bon ordre.

...... a) Un policier tire les filles par le cou et la cheville.

...... b) Le policier défend à Rachel de s'enfuir aussi.

...... c) Les filles courent le plus vite possible.

...... d) Rachel convainc Sarah de s'enfuir.

...... e) Sarah supplie le policier de la laisser partir.

...... f) Les filles enfilent des vêtements supplémentaires.

...... g) Sarah le supplie de laisser Rachel partir.

...... h) Les filles rampent vers les clôtures.

...... i) Le policier réfléchit pendant plusieurs minutes.

...... j) Le policier leur donne de l'argent et leur dit de se dépêcher.

...... k) Les filles arrivent au trou et commencent à passer de l'autre côté des clôtures en barbelés.

...... l) Sarah reconnaît le policier de son quartier.

...... m) Sarah insiste et répète « s'il te plaît ».

...... n) Par conséquent, Rachel se blesse, elle est couverte de sang.

...... o) Le policier permet aussi à Rachel de s'enfuir.

...... p) Le policier dit qu'il ne peut pas faire cela.

...... q) Le policier permet à Sarah de s'enfuir et la pousse de l'autre côté des barbelés.

b. Pourquoi est-ce que le policier aide les filles à s'enfuir ? Cochez.

[ ] Il a lui-même des enfants du même âge.

[ ] Il reconnaît Sarah.

[ ] L'explication et les mots « s'il te plaît » de Sarah le touchent.

[ ] Il ne veut pas voir pleurer des enfants.

[ ] Il veut résister aux ordres de ses chefs.

3 **Imaginez que vous êtes un réalisateur / une réalisatrice et que vous voulez porter cette scène du roman à l'écran.**

a. Les actions des personnages et les dialogues sont, bien sûr, faciles à jouer. Ce qui est plus difficile, c'est d'exprimer leurs sentiments et leurs pensées, c'est-à-dire les actions intérieures. Soulignez dans le texte les phrases qui expriment les actions intérieures. Ensuite, réfléchissez comment on pourrait les montrer dans le film.

....

....

....

b. Réfléchissez s'il y a des passages invraisemblables qu'on devrait modifier.

....

....

....

c. Réfléchissez s'il y a des passages moins importants qu'on pourrait supprimer pour que le film ne soit pas trop long. Si oui, soulignez-les dans le texte.

Porter une scène du roman à l'écran

d. Regardez à la page 31 les éléments de l'analyse filmique. Réfléchissez quels plans et perspectives de caméra sont utiles pour la conversation entre le policier et les filles et dites pourquoi.

....

....

....

4 **Regardez maintenant la scène du film (0:37:37 – 0:40:56). Ensuite, notez les différences et des raisons possibles pour ces changements.**

Nr	dans le roman	dans le film	des raisons possibles pour ces changements
1	Rachel convainc Sarah de s'enfuir, Rachel dit qu'elles peuvent essayer la fuite maintenant (l. 1 + 7)		
2	un policier dort (l. 11)		
3	aucun autre enfant ne les voie		
4	le visage et les mains de Rachel sont pleins de sang (l. 32)		
5	le policier laisse Sarah partir parce qu'il la reconnaît (l. 38)		
6	d'abord, le policier veut seulement laisser partir Sarah et pas Rachel (l. 57), après il est d'accord qu'elle s'enfuie aussi (l. 63) et leur donne de l'argent (l. 67)		

Porter une scène du roman à l'écran

5 **Regardez la scène encore une fois et faites attention aux moyens filmiques :**

a. Comment montre-t-on l'action intérieure ?

dans le roman	dans le film
« Quelqu'un les avait-il vues ? Elles se tapirent dans l'herbe, le cœur battant [...]. C'était donc si facile, pensa la fillette. Non, c'était impossible. Rien n'était jamais facile, en tout cas, plus maintenant. » (l. 13–16)	
« La fillette, elle, se tenait très droite, le menton relevé, dans une attitude de défi. À l'intérieur, elle était morte de peur mais elle avait décidé de ne pas le montrer. Ou, du moins, d'essayer. » (l. 33–35)	
« Chaque minute qui s'écoulait pesait comme du plomb. L'attente était interminable. » (l. 48–49)	
« La fillette aurait voulu le remercier pour son aide, pour l'argent, lui dire au revoir [...]. Elles coururent à perdre haleine [...]. » (l. 72–73)	

b. Regardez les images suivantes. Quels sont les plans et perspectives de la caméra ?
Quelle est leur fonction ?

Porter une scène du roman à l'écran

6 Dites à votre voisin/e si vous préférez le roman ou le film et expliquez pourquoi. Ensuite, faites un sondage en classe.

7 Ecrivez la suite de l'histoire. Sarah va-t-elle réussir à revenir à l'appartement ? Si oui, comment ? Si non, pourquoi pas ? Qu'est-ce qui s'est passé avec son frère ?

....

....

....

....

....

....

....

....

....

La recherche à New York

1 **Regardez la scène pendant laquelle Julia cherche Sarah Rainsferd à New York (1:16:15 – 1:18:48) <u>sans</u> le son. Imaginez quelle musique irait bien avec cette scène et dites pourquoi.**

Des mots pour vous aider :
- une musique classique, pop, reggae, hiphop, rap
- une version vocale, instrumentale
- avec du piano, du synthétiseur (Synthesizer), des instruments à cordes (Streichinstrumente), comme par exemple des violons (Geigen), des violoncelles (Cellos), des cuivres (Blasinstrumente), une flûte, une guitare, une batterie (Schlagzeug), des percussions (Schlaginstrumente)
- un rythme lent, rapide, monotone
- une musique harmonieuse, dissonante (disharmonisch)
- une mélodie gaie, triste, mélancolique, apaisante (beruhigend), douce (sanft), agressive

....

....

....

....

2 **Ensuite, regardez la scène <u>avec</u> le son. Notez quelle musique on entend et quel effet elle produit sur le spectateur.**

....

....

....

....

....

....

Les opinions sur le film sur Internet

❶ Sur le forum du site **www.allocine.fr**, on peut donner son avis sur le film « Elle s'appelait Sarah ». Lisez les critiques suivantes.

❷ Coloriez le nombre d'étoiles qui correspond à votre avis et écrivez votre propre commentaire.

Silverduke

★★★★★ **5 – Chef d'œuvre**
Un formidable film empreint d'une intense émotion sur le travail de mémoire, admirablement interprété et mis en scène. Les secrets de famille finissent par faire surface tôt ou tard… Pour ne jamais oublier, pour dénoncer la collaboration, pour les milliers de déportés Français de confession juive et leurs 5 proches survivants… un film indispensable. ☺ ☹

---

marlotte 19

★★★★☆ **4 – Très bien**
Beau film, très touchant, et très bon scénario. Je trouve cependant que le film devient moins intéressant à partir du moment où Sarah devient adulte. ☺ ☹

---

madjac

★★★☆☆ **2.5** 10
J'ai été beaucoup plus emballée par le livre que par le film. Le livre était très prenant et avait une intensité, une sensibilité que le film n'avait pas. Certains passages ont été enlevés, ce que je trouve dommage, et le film a été joué du début à la fin sur la même intensité, c'est-à-dire un ton très plat, les émotions des acteurs avaient du mal à passer. Mais attention, ce n'est pas un mauvais 15 film, loin de là. ☺ ☹

---

hugojiraon

★★☆☆☆ **1.5**
Je n'ai pas été convaincu par ce film, ce n'est absolument pas crédible, tout est exagéré et lourd, les enfants jouent mal, la fin est bâclée, bref j'ai trouvé ça nul ☺ ☹

★★★★★ 20

....

....

....

....

....

....

source : http://www.allocine.fr/film

3 **admirable** bewundernswert ; 3 **finir par faire qc** schließlich etw tun ; 4 **faire surface** an die Oberfläche kommen, auftauchen ; 6 **indispensable** unentbehrlich, unbedingt notwendig ; 11 **emballé,e** *fam* hin und weg, begeistert ; 13 **enlever** wegnehmen, streichen ; 18 **crédible** glaubwürdig ; 18 **exagéré,e** übertrieben ; 18 **lourd,e** schwerfällig ; 18 **bâclé,e** (un travail bâclé) Pfusch, Stümperei

❸ Faites un sondage en classe : Combien d'étoiles décernez-vous au film en moyenne ? Ensuite, comparez l'avis de votre classe à la statistique d'allocine.fr. Le film obtient une note moyenne de 4,2. Qu'en pensez-vous ?

L'identité et la culpabilité de Sarah

1 **Récapitulez l'histoire de Sarah et complétez le graphique suivant.**

la motivation de Sarah : _____

⬇

la conséquence pour Sarah : _____

⬇

_____

_____

⬇

_____

2 **Réfléchissez : Sarah est-elle vraiment coupable de la mort de son frère ?**
Notez vos arguments.

des arguments pour sa culpabilité	des arguments contre sa culpabilité

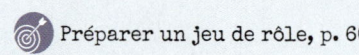 Préparer un jeu de rôle, p. 60

3 **Faites un des jeux de rôle suivants :**

a. Imaginez que Sarah ait le courage d'aller voir un psychologue. Jouez la conversation entre Sarah et le psychologue : Sarah parle de son sentiment de culpabilité et le psychologue lui donne des conseils.

b. Julia et William discutent de Sarah et de sa culpabilité. Jouez leur conversation.

Médiation : la vie après l'Holocauste

1 L'histoire de Sarah est fictive – mais il y a, bien sûr, aussi des personnes réelles qui ont survécu à la déportation et ont dû trouver la force de continuer à vivre.

a. Souvenez-vous de l'histoire de Sarah et complétez la colonne gauche du tableau suivant.

b. Lisez le texte sur Corrie Ten Boom à la page 50 et complétez la colonne de droite. Les stratégies dans l'encadré à la page 51 vont vous aider à exprimer les informations en français.

	Sarah	Corrie Ten Boom
son origine		
la raison pour laquelle elle est arrêtée		
l'endroit où on l'a déportée		
comment elle réussit à quitter le camp		
ce qu'elle fait après ses expériences cruelles		
sa vie affective (Gefühlsleben) après ses expériences cruelles		
sa mort (quand et pourquoi)		

Médiation : la vie après l'Holocauste

Médiation : la vie après l'Holocauste

DA BAT DER KZ-WÄRTER UM VERGEBUNG

Die Holländerin Corrie Ten Boom hatte das Konzentrationslager Ravensbrück überlebt. Ihre Schwester hingegen ging dort zugrunde. Zwei Jahre später trifft sie auf einen ihrer Peiniger. Er bittet sie um Vergebung.

München im Jahre 1947: Ernste Gesichter starren mir entgegen. Ich habe gerade in einer Kirche gepredigt und über meine Zeit im Konzentrationslager gesprochen. Jetzt ist alles vorbei. Die Menschen verlassen wortlos den Raum. Ein Mann kommt mir entgegen. Er arbeitet sich gegen die Menge zu mir nach vorne.

In diesem Moment sehe ich den Mantel, den braunen Filzhut, dann die blaue Uniform und ein Barett mit Totenschädel und gekreuzten Knochen. Ich sehe den großen Raum, in dem wir uns nackt ausziehen mussten. Die Schuhe und die Kleider am Boden. Wir mussten nackt an ihm vorbeigehen. Ich erinnere mich an die Scham, ich erinnere mich an meine ausgemergelte Schwester, deren Rippen deutlich unter der pergamentartigen Haut hervortraten.

Wir waren ins KZ gekommen, weil wir Juden in unserem Haus versteckt hatten. Meine Schwester überlebte das Konzentrationslager nicht. Ich erinnerte mich an diesen Mann und an seine Jagdpeitsche, die in seinem Gürtel steckte. Jetzt stand ich zum ersten Mal einem meiner Häscher gegenüber. Mein Blut schien zu gefrieren. Er sagte: „Sie sprachen von Ravensbrück. Ich war Wächter dort." Er fuhr fort: „Ich bin Christ geworden." Er steckte mir seine Hand entgegen und fragte: „Werden Sie mir vergeben?"

Sekunden stand ich wie gelähmt vor diesem Mann, doch es kam mir vor als wären es Stunden. Ich kämpfte in meinem Inneren: Meine Schwester war schließlich im Konzentrationslager Ravensbrück elend und langsam gestorben. Doch dann erinnerte ich mich an eine Bibelstelle: „Wenn ihr den Menschen ihre Sünden nicht vergebt, dann wird der himmlische Vater im Himmel auch euch nicht vergeben" (Matthäus 6,15).

Nach dem Krieg hatte ich ein Heim für Naziopfer eröffnet. Ich erlebte dort, dass die, die vergeben konnten, innerlich frei wurden, egal welche körperlichen Schäden sie hatten. Die, die an ihrer Bitterkeit festhielten, blieben jedoch Invaliden. Ich stand immer noch vor dem Mann. Kälte umklammerte mein Herz. Doch Vergebung ist kein Gefühl, sondern in erster Linie ein Akt des Willens. Ich betete und hob die Hand. Ich betete darum, dass Gott mir das Gefühl der Vergebung schenken möge. Mit einer mechanischen Bewegung legte ich meine Hand in die Hand, die sich mir entgegenstreckte.

Dann geschah etwas Unglaubliches! Ein heißer Strom entsprang in meiner Schulter. Er lief meinen Arm entlang und sprang über in unsere beiden Hände. Mein ganzes Sein wurde von dieser heilenden Wärme durchflutet. Ich hatte plötzlich Tränen in den Augen und konnte sagen: „Ich vergebe dir! Ich vergebe dir von ganzem Herzen."

Quelle: http://www.livenet.de/themen/gesellschaft/ethik/
geschichte/121089-da_bat_der_kzwaerter_um_vergebung.html

Médiation : la vie après l'Holocauste

c. Complétez.

STRATÉGIE

a. **Utilisez des synonymes** : „[sie] ging dort zugrunde" (l. 3) = sie starb dort :

.... ;

„ein Heim eröffnen" (l. 47 – 48) = ein Haus öffnen : ....

b. **Utilisez des mots de la même famille** : „Doch Vergebung ist [...] ein Akt des Willens."

(l. 54 – 56) = man muss vergeben wollen : .... pardonner

c. **Utilisez des antonymes** (des mots qui expriment le contraire) : „[sie] hatte

(das Konzentrationslager Ravensbrück) überlebt" (l. 1) = sie starb nicht (im

Konzentrationslager Ravensbrück) : ....

....

d. **Utilisez des périphrases** (Umschreibungen) : sie trifft „auf einen ihrer Peiniger" (l. 4 – 5) =

sie trifft einen Wächter, der im KZ sehr brutal war : ....

....

e. **Si toutes ces stratégies ne vous aident pas, consultez un dictionnaire** : par exemple :
jdm vergeben = pardonner qn ; Bitterkeit = l'amertume *f* ; bitter = amer, amère

2 **Imaginez que votre lycée fait une exposition franco-allemande sur les survivants des camps de concentration.**

Rédigez un texte en français qui présente Corrie Ten Boom et qui explique comment elle a pu continuer à vivre après l'Holocauste et quel événement a été crucial (entscheidend) pour elle. Utilisez les notes que vous avez déjà prises ci-dessus.

Écrivez environ 150 mots.

Azouz Begag

Et tranquille, coule le Rhin

Prédire des mots : nos impressions sur notre pays voisin et sa langue

1 Réfléchissez : qu'est-ce que vous pensez de notre pays voisin la France, des Français, de la langue française et des cours de français à l'école ?
Préparez un monologue de deux minutes sur ce sujet en notant quelques mots-clés ci-dessous.

....

....

2 a. Mettez-vous à trois. Chacun de vous va jouer son monologue de deux minutes. Avant, imaginez quels dix mots vous attendez dans les monologues de vos deux camarades et notez-les ici.

le monologue de .... :	le monologue de .... :
1. .... [ ]	1. .... [ ]
2. .... [ ]	2. .... [ ]
3. .... [ ]	3. .... [ ]
4. .... [ ]	4. .... [ ]
5. .... [ ]	5. .... [ ]
6. .... [ ]	6. .... [ ]
7. .... [ ]	7. .... [ ]
8. .... [ ]	8. .... [ ]
9. .... [ ]	9. .... [ ]
10. .... [ ]	10. .... [ ]

b. Maintenant, jouez vos monologues à tour de rôle et cochez les mots que vos camarades ont dits. À la fin, comparez vos listes : celui qui a coché le plus de mots a gagné.

3 a. Lisez les informations suivantes sur Azouz Begag.

Azouz Begag, né en 1957 à Lyon de parents algériens, est un écrivain, homme politique et chercheur en sociologie et économie. De 2005 à 2007, il a été ministre pour la promotion de l'égalité des chances. Depuis 2013, il est directeur de l'Institut français de Lisbonne (au Portugal).

b. Imaginez ce qu'Azouz Begag pourrait répondre aux mêmes questions sur son pays voisin l'Allemagne, les Allemands, la langue allemande et les cours d'allemand à l'école. Parlez-en à votre voisin/e.

« Et tranquille, coule le Rhin » – le contenu

1 **Lisez la première partie du récit (p. 55 l. 14 – p. 57 l. 25) et répondez aux questions (avec des phrases complètes).**

a. Calculez : En quelle année l'histoire commence-t-elle ? (la sixième en France = « 6. Klasse » en Allemagne)

....

b. Que sait Azouz sur l'Allemagne avant d'apprendre la langue ?

....

....

....

c. Quelle est la réputation (Ruf) de la langue allemande ?

....

....

d. Quelle est la raison pour laquelle Azouz apprend l'allemand ?

....

....

2 **Lisez la deuxième partie (p. 57 l. 26 – p. 60 l. 12) et complétez le résumé.**

Azouz Begag aime la langue allemande parce qu'elle est .... comme

le latin. Il est .... de pouvoir traduire des mots allemands dans

les films. Sa .... est formidable. Pour lui, c'est plus facile de prononcer

les mots allemands parce qu'il .... à la maison.

3 Lisez la troisième partie (p. 60 l. 13 – p. 63 l. 25) et notez ce que les photos symbolisent.

Azouz .... que	.... des progrès .... parce	.... de Stuttgart. Plus tard, ...

4 Lisez la quatrième partie (p. 63 l. 26 – p. 68 l. 20) et corrigez les fautes dans le résumé suivant.

Après le départ d'Ursula, Azouz est toujours motivé pour l'allemand.

....

À 16 ans, il passe ses vacances de printemps au Brésil et y tombe amoureux d'une Anglaise.

....

Il l'impressionne avec son beau visage.

....

Mais quand il revoit Hildegard 30 ans plus tard, elle ne le reconnaît plus.

....

5 Trouvez un titre pour chaque partie du récit.

1. ....

2. ....

3. ....

4. ....

6 Après avoir lu toute l'histoire, racontez à votre voisin/e : Qu'est-ce qui vous a surpris ? Qu'est-ce que vous (n') avez (pas) trouvé intéressant ? Et pourquoi ?

Les allusions au Rhin et le titre du récit

1 Sur Internet, faites des recherches sur le Rhin et sa signification symbolique (sujet A / groupe A) ou sur le mythe de la Loreley et le poème avec le verset « und ruhig fließt der Rhein » (sujet B / groupe B).

Ensuite, présentez vos résultats à vos camarades de classe.

2 Le Rhin et le poème sur la Loreley jouent aussi un rôle important dans le récit d'Azouz Begag. Lisez les citations suivantes du récit et notez dans quelle partie (1–4) elles se trouvent.

partie		
	a	« Je voyais mes copains se prendre la langue dans les sons bt, chts, res, ig… et ça me faisait rire, parce que pour moi ça coulait tout seul, comme le Rhin. »
	b	« Madame Zapoid, elle, nous avait appris le poème *Die Lorelei*. C'était beau, chantant, mélancolique. Avec le temps qui a coulé, j'ai oublié ce poème, mais j'en ai gardé un petit bout dans ma mémoire … *und ruhig fließt der Rhein*… et tranquille, coule le Rhin. Aujourd'hui encore, ce poème me ramène des émotions qui avaient fait vibrer mon cœur d'adolescent lorsque je l'avais appris. »
	c	« Et depuis Ursula, j'aime le Rhin. Je suis Allemand. »
	d	« Les années passèrent, comme un fleuve tranquille. »
	e	« On s'est aimés au bord de la Méditerranée en rêvant du Rhin […]. Cette nuit-là, je suis devenu définitivement Allemand. »
	f	« Sinon, à part ça, je ne connaissais rien de ce pays qu'on appelait 'd'outre-Rhin', un fleuve dont j'ignorais tout aussi, parce qu'il était très loin du Rhône qui coulait devant chez moi à Lyon. Je l'imaginais d'ailleurs toujours gris, boueux et sous une épaisse couche de brouillard. »
	g	« Je m'y voyais déjà. Ursula et Azouz sont dans un bateau, ils descendent le Rhin, ensemble, mais dans la main, du côté de Mayence ou de Cologne, ils passent devant la Lorelei […]. »
	h	« Ursula est repartie chez elle à Stuttgart, le Rhin ne coulait plus du tout comme avant dans mon cœur. »
	i	« Elle avait des lèvres qui donnaient envie de les embrasser en chantant *und ruhig fließt der Rhein* ».

3   Répartissez les citations en deux groupes en les soulignant avec deux couleurs différentes : Quelles citations font allusion (spielen an) au Rhin comme symbole de l'Allemagne, quelles citations font allusion à la Loreley ?

4   Expliquez pourquoi le mythe de la Loreley correspond aux expériences d'Azouz Begag.

....

....

....

....

....

....

5   a. « Et tranquille, coule le Rhin » est-ce un bon titre pour ce récit ? Notez-en les avantages et les inconvénients et donnez votre opinion personnelle à votre voisin/e.

+	–

b. Inventez un autre titre possible pour ce récit.

....

Décrire et analyser des images

1 Introduction
Dites d'abord de quel genre d'image il s'agit. Présentez brièvement le sujet de l'image.
La photo / Le dessin / Le tableau / L'image représente / montre / met en scène illustre…

2 Partie principale

2.1 Décrivez l'image.
- Au premier plan / Au second plan se trouve… / se dresse… / il y a… / on voit / aperçoit / reconnaît / distingue / découvre…
- À l'arrière plan / Au centre / Au milieu / En haut (à gauche) (à droite) / En bas (à gauche) / (à droite) se trouve… / se dresse… / il y a… / on voit / aperçoit / reconnaît / distingue / découvre…
- Devant… / Derrière… / A côté de… / Près de… se trouve… / se dresse… / il y a… / on voit / aperçoit / reconnaît / distingue / découvre…

2.2 Analyse de l'image
Il se dégage de ce tableau une atmosphère de… / assez…
Tout ce qu'on voit sur cette illustration porte à croire que…

3 Conclusion
Rendez vos impressions personnelles concernant l'image : Que pensez-vous du sujet de l'image ? Justifiez votre réponse.
Ce que je trouve / Ce qui est intéressant / étonnant / curieux / bizarre…, c'est (que)…
Ce qui (me) paraît évident / frappe / surprend / choque…, c'est (que)…
En regardant cette photo, j'ai l'impression que…
Face à la scène représentée, j'imagine que…

La prise de notes

La prise de notes sert à vous rappeler ce que vous avez entendu ou lu.

- Notez des mots-clés, pas des phrases entières : Choisissez des noms plutôt que des verbes conjugués, par exemple : Il s'est enfui   fuite.
- Utilisez des abréviations pour des mots qui reviennent souvent, par exemple : tjs = toujours, qd = quand, ê = être, svt = souvent, ms = mais.
- Servez-vous de flèches et d'autres symboles, par exemple :
  - une flèche vers le haut pour augmente, devient meilleur,
  - une flèche vers le bas pour diminue, se détériore, devient pire,
  - ≠ pour n'est pas, est différent, etc.

Utilisez des abréviations et des symboles qui vous conviennent : Vous prenez des notes uniquement pour vous !

Si possible relisez vos notes tout de suite après les avoir prises pour y ajouter éventuellement quelque chose ou pour les corriger.

Faire le portrait d'un personnage

1 **Commencer par le physique d'une personne**

1.1 le visage (la forme, le teint, les yeux, le nez…)
sa forme : rond, carré, ovale, long, large
le teint : pâle, frais, mat, rougeaud
les yeux : couleur et forme
le nez : long, droit, pointu, crochu, épaté, retroussé
la bouche, les lèvres, les dents, le menton, les joues, les oreilles, le front…

1.2 les cheveux (couleur, longueur, type de coiffure)
type : raides, ondulés, bouclés, frisés, crépus
couleur : blonds, châtain, roux, bruns
longueur : ras, courts, mi-longs, longs
type de coiffure : en brosse, une frange, une raie, une queue de cheval, un chignon, des nattes

1.3 les signes particuliers : lunettes, cicatrices, des handicaps physiques s'il y en a…

1.4 la taille, la corpulence : petite, moyenne, grande, maigre, mince, corpulente, grosse

1.5 les vêtements et autres accessoires
l'impression d'ensemble : beau, joli, laid…

2 **Parler de sa personnalité, de son caractère**
avoir…
peu de / une forte personnalité
bon / mauvais caractère
peu de / beaucoup de tempérament
de bonnes / de mauvaises manières

être…
naturel, spontané, affecté, calculateur, ouvert, franc, hypocrite, sournois, gai, insouciant, triste, mélancolique, anxieux, aimable, chaleureux, généreux, froid, distant, égoïste, équilibré, sérieux, discipliné, impulsif, changeant, discret, réservé, timide, sociable, désinvolte, extraverti, énergique, autoritaire, apathique, faible, mou…

Rédiger un monologue intérieur / un journal intime

Dans un monologue intérieur ou un journal intime, une personne exprime ses sentiments, ses pensées, ses émotions.
Il s'agit souvent de souvenirs (heureux ou malheureux), de désirs et d'espoirs pour l'avenir ou encore de réactions à propos d'un événement actuel.
Il est naturel que la personne ne structure pas ce qui se passe dans sa tête.
Alors,
- exprimez les pensées en vrac = sans lien logique ;
- hésitez sur certaines idées, corrigez-vous, ajoutez des choses ;
- posez-vous des questions pour continuer la réflexion ;
- répétez-vous si un point vous tracasse plus qu'un autre ;
- arrêtez-vous au milieu d'une phrase, laissez la phrase en suspens.

Un monologue intérieur est toujours rédigé **à la première personne** et en grande partie au **présent**.

Préparer un jeu de rôle

- Choisissez un rôle et réfléchissez à la manière d'être et de parler de votre personnage.
- Réfléchissez à la situation et à ce qu'on attend dans cette situation précise.
- Réfléchissez à la mise en scène, aux détails qui la rendront réaliste (objet, gestes, ton de la voix, etc.)
- Apprenez votre rôle si possible par cœur et répétez la scène sans le texte plusieurs fois. Vous serez plus à l'aise pour improviser si vous avez oublié votre texte et vous rentrerez mieux dans la peau de votre personnage.
- Soyez spontané(e) ! Parlez comme dans une situation réelle ! Faites confiance à votre partenaire !

Faire une présentation

- Notez tout d'abord vos idées, les résultats d'un travail.
- Ensuite faites un plan et structurez vos idées / les résultats d'un travail. Utilisez des mots-clés, pas des phrases entières.
  Il est important de respecter les trois parties d'une présentation :
  - l'introduction = la présentation du sujet
  - la partie principale = la présentation des arguments avec un ou plusieurs exemples.
  - la conclusion = le résumé de l'essentiel de votre message
- Révisez le vocabulaire nécessaire pour présenter un sujet clairement. Pensez avant tout aux connecteurs logiques / mots charnières.
- Ensuite notez votre plan et quelques mots-clés et / ou un mot difficile que vous avez du mal à retenir sur une fiche ou un transparent. Écrivez lisiblement et laissez beaucoup d'espace entre vos notes. Vous pouvez mettre votre plan à disposition de vos camarades de classe. Cela facilitera leur compréhension pendant la présentation.

Ecrire un commentaire personnel

Pour introduire le sujet :
La question se pose de savoir pourquoi… ; On peut se demander si / pourquoi… ; La question est de savoir si / pourquoi…

Pour introduire le premier argument :
(Tout) d'abord, … ; Pour commencer, … ; Premièrement, …

Pour introduire les autres arguments :
Deuxièmement, … ; De plus, … ; En outre, … ; Par ailleurs, … ; Puis, … ; Ensuite, … ; À part cela, … (*abgesehen davon*) ; Un autre avantage / inconvénient (*Nachteil*) / aspect est… ; Il faut ajouter que… ; Ce qui est encore plus important, c'est…

Pour donner un exemple :
En ce qui concerne X (+ substantif) ; dans le domaine de X (+ substantif) ; sur le plan X (+ adjectif) ; du point de vue X (+ adjectif) ; Cet exemple montre / confirme / prouve donc que…

Pour donner une raison / une conséquence :
parce que, comme (*am Satzanfang : da*), car (*denn*), puisque (*da ja*), par conséquent, ainsi (*folglich*), c'est la raison pour laquelle, c'est pourquoi, pour cette raison, en effet (*nämlich, tatsächlich, in der Tat*), pour que (+ subjonctif), de manière que (*so dass*)

Pour exprimer une opposition :

mais, pourtant, cependant, malgré (cela), par contre, au contraire, en revanche, bien que
(+ subjonctif), tandis que / alors que (+ indicatif) („während" als Gegensatz / adversativ – vs. pendant
que = „während" temporal) ; d'une part – d'autre part ; d'un côté – de l'autre

Pour faire une comparaison :

De même, … ; Comparé à X, … ; en comparaison avec X ; à la différence de X

Pour conclure :

En résumé, … ; Bref, … (= *Kurz*) ; Enfin, … ; Pour terminer, …

Rédiger une critique littéraire

Dans votre critique, il faudra :
- présenter l'auteur et son livre (auteur, titre, date de parution, éditeur, prix remportés)
- préciser le genre du livre (une autobiographie, un roman, une nouvelle…)
- parler des thèmes abordés
- résumer l'intrigue (en quelques lignes)
- faire un bref portrait des personnages principaux
- caractériser le style de l'auteur (descriptif, littéraire, poétique, lourd, journalistique…) ; sa langue
  (riche, variée, pauvre), sa syntaxe ((trop) compliquée / simple)
- parler du message de l'auteur (s'il est évident)
- prendre position par rapport à ce message et la façon dont il a été abordé
- donner votre avis personnel sur le livre
- recommander (ou pas) le livre pour quel public (enfants / adolescents / adultes)

Le style de la critique littéraire :
- Essayez d'être assez concis et précis.
- Pour présenter l'auteur et résumer le l'intrigue, restez neutre.
- Pour donner votre avis sur le livre, vous avez le droit d'être personnel, c'est-à-dire de dire ce que
  vous avez ressenti en tant que lecteur (intérêt, joie, tristesse, ennui, colère, peur) ; vous êtes-vous
  identifié(e) à un personnage ? Lequel ? Pourquoi ?
- Quelle que soit votre position, vous devez la justifier, l'expliquer. Vous ne pouvez pas seulement
  dire : J'ai aimé. / Je n'ai pas aimé. / C'était bien / C'était nul.

Expressions pour rédiger une critique littéraire :
L'atmosphère du livre est exotique, gaie, triste, tendue…
L'écriture est classique, descriptive, émotionnelle…
L'effet est saisissant, plein de suspense, de rebondissements…
La réflexion de l'auteur est philosophique, métaphysique, morale…
Les sensations sont visuelles, auditives, olfactives…
Le thème est original, nouveau, intéressant, traditionnel, ennuyeux…
Le style est sec, ample, elliptique, oratoire, soutenu, familier…
Le ton est tragique, comique, lyrique, grotesque, polémique, intimiste, satirique, ironique…

Un mot, une phrase, un texte, une œuvre : confirme, illustre, présente, explique, exprime, décrit,
montre, se compose de, évoque, insiste, met l'accent sur, souligne, rappelle, suggère, qualifie,
représente, symbolise, résume…
Un auteur : affirme, analyse, dresse le portrait d'un personnage / d'un société / d'un pays / d'une
génération, critique, utilise, mentionne, réussit à, cherche à, se contente de, souligne, fait allusion à,
dénonce, justifie, développe…
Un personnage : séduit, impressionne, déçoit, apparaît comme, constitue un exemple de, est
représentatif de…

Le lecteur : admire, éprouve, s'interroge, comprend, est ému / touché / déçu, partage, se demande si, s'identifie à, devine…

Réagir à la lecture d'un roman
J'ai aimé ce roman car / parce que / pour…
J'ai détesté cette histoire car / parce que / pour…
J'ai été déçu(e) par la fin car / parce que…
Le thème / message du livre m'a fait réfléchir (sur)…
J'ai été impressionné(e) par…
Grâce à cette lecture, j'ai appris / découvert…
J'ai été ému(e) par ce roman car…
Je (ne) me suis (pas) identifié(e) au personnage…
Pour moi, ce livre évoque…
Je (n')ai (pas) trouvé cette histoire intéressante…
Le thème du roman (ne) m'a (pas) plu car / parce que…

La médiation de l'allemand vers le français

- Analysez la situation communicative :
  A qui vous adressez-vous ? Quel sont le style et le registre appropriés ?
  Allez-vous écrire ou parler ?
  Quel type de texte êtes-vous censé produire ? (une lettre informelle, un courriel, un article pour un journal scolaire …)
- Lisez le texte.
- Dégagez du texte les informations demandées par la personne avec qui vous êtes en contact. Soulignez ou surlignez-les.
- Notez en français les mots / les expressions dont vous avez besoin. Si vous ne connaissez pas certains mots, utilisez des stratégies de compensation (par exemple la paraphrase) ou consultez le dictionnaire. N'ESSAYEZ PAS DE TRADUIRE LITTÉRALEMENT LE TEXTE.
- Structurez les informations importantes.
- Ecrivez votre texte (ou bien : préparez votre exposé oral). N'oubliez pas que, en général, votre nouveau texte doit être plus court que le texte d'origine !
- Faites attention aux aspects spécifiques à une culture qui demandent des explications supplémentaires (détaillées).
- Relisez votre texte pour vous corriger : Avez-vous bien pris en considération tous les points importants ? Est-ce que les verbes sont conjugués correctement ? Avez-vous bien accordé les adjectifs ? Etc.

La compréhension orale

Avant l'écoute
Afin de préparer l'écoute, il est utile de se poser les questions suivantes :
- Quel est le thème de votre document sonore ? Que savez-vous déjà de ce thème ?
  Un remue-méninges vous permet d'anticiper le contenu du document sonore et de réactiver le vocabulaire thématique.
- Quelle est la nature de votre document sonore ?
  Connaître la nature du document (une interview, un journal télévisé, une table ronde par exemple) vous permet d'anticiper les conséquences qui en résultent, par exemple : À combien de locuteurs aurez-vous affaire ? Vont-ils parler l'un après l'autre selon un ordre défini ou vont-ils discuter spontanément et éventuellement sauter d'un sujet à l'autre etc.).

ASTUCE !

Lisez bien les consignes pour savoir exactement ce qu'on vous demande de faire.

D'ailleurs, les introductions fournissent souvent des informations concernant les locuteurs, le sujet, le contexte etc.

Pendant l'écoute

- C'est normal de ne pas tout comprendre tout de suite ! Essayez **d'abord** de **comprendre globalement** de quoi il s'agit.
- Prenez des notes : Utilisez des **mots-clés**, des **abréviations** et des **symboles** pour aller plus vite. Laissez assez de place entre vos notes pour pouvoir y ajouter des informations plus tard.
  - Si votre document audio s'articule en plusieurs parties, notez un ou deux mots-clés pour chaque partie.
  - Si vous pensez avoir raté une information importante, faites un point d'interrogation et laissez un peu de place.

Utilisez un crayon de papier pour pouvoir corriger vos notes en cas de besoin (lors de la deuxième écoute, par exemple).

Avant la deuxième écoute

- Relisez vos notes, ajoutez des informations que vous vous rappelez avoir entendu et assurez-vous que les abréviations et les symboles utilisés soient clairs.
- Lorsque vous écoutez le document sonore pour la deuxième fois, faites attention aux informations qui vous ont échappé lors de la première écoute.